Inhalt

Euro-Einführung (Zwischenbetrachtung)

Kernthesen

Beitrag

Fallbeispiele

Weiterführende Literatur

Impressum

Euro-Einführung (Zwischenbetrachtung)

M.Floßmann

Kernthesen

- Bereits wenige Wochen nach Einführung hat der Euro in den Mitgliedsländern die bisherigen Währungen abgelöst.
- In Schweden und Dänemark sind für 2003 bzw. 2004 neuerliche Volksabstimmungen für eine Euro-Einführung angedacht. (1)
- Obwohl ein Beitritt Großbritanniens zur Euro-Zone derzeit nicht absehbar ist, kann doch eine deutlich zunehmende ökonomische Konvergenz zwischen Großbritannien und Euro-Land festgestellt werden. (3)
- Schweiz: Zwar kein Euro-Beitrittskandidat, aber euroorientierte Geldpolitik der

Schweizer Nationalbank.

Beitrag

Vorgeschichte

Die Grundlage der Euro-Einführung stellt der Vertrag von Maastricht dar, wo die Wirtschafts- und Währungsunion im EG-Vertrag verankert wurde. Die hierbei verabschiedete Einführung der europäischen Währung wurde nunmehr mit der Euro-Bargeldeinführung zum 01.01.2002 abgeschlossen. Diese Entwicklung war nur durch die Vereinbarung und Einhaltung gemeinsamer Konvergenzkriterien (Inflationsrate, Staatsverschuldung, Haushaltsdefizit), welche eine deutliche wirtschafts- und geldpolitische Annäherung der einzelnen Mitgliedsstaaten untereinander bewirkt haben, möglich.

Neben den 12 Euro-Ländern sind die EU-Mitgliedsstaaten Schweden und Dänemark sowie die Nicht-EU-Länder Schweiz und Norwegen dem euroorientierten Wirtschaftsraum zuzuordnen. Dies gilt zunehmend auch für Großbritannien sowie die mittel- und osteuropäischen EU-Beitrittskandidaten. Die Einführung der europäischen Einheitswährung sichert die politische Integration Europas wirtschafts-

und geldpolitisch ab. Hohe wirtschaftliche Konvergenz im Vorfeld sowie die teilweise Aufgabe nationalstaatlicher Egoismen sind jedoch Grundvoraussetzung für eine Erweiterung der Eurozone.

Feuertaufe bestanden

Die europäische Währungsunion, welche in der Einführung des Euro als Zahlungsmittel ihre Vollendung erfuhr, hat 10 Jahre nach Abschluss des Maastricht-Gipfels ihre erste Feuertaufe bestanden. Dies umso mehr, als sich der Preisauftrieb laut IFO-Schnelldienst im Euro-Raum weiter beruhigen und die Teuerungsrate 2002 im Jahresmittel unter 2% - dem mittelfristigen Inflationsziel der EZB - sinken dürfte. Allerdings liegt die Kerninflationsrate im Euro-Raum nach wie vor spürbar über 2%. (8) Darüber hinaus konnten in Erfüllung eines der Konvergenzkriterien die Staatsdefizite im Laufe der 90er Jahre des vergangenen Jahrhunderts deutlich abgebaut werden.

Die europäischen Kapitalmärkte sind mit Einführung des Euro näher zusammengerückt und bilden seither den weltweit zweitgrößten Kapitalmarkt. Der Anteil der weltweiten Währungsreserven in Euro liegt bei etwa 13 %. Der Wechselkurs des Euro bewegt sich im

Jahresdurchschnitt in etwa innerhalb einer Bandbreite von 0,90 bis 1 US-Dollar. Das Volumen des Welthandels soll in einer Größenordnung von 3 1/2% expandieren. (8)

Die Einführung der einheitlichen Währung hat zudem den gesetzgeberischen Integrationsprozess erheblich beschleunigt. Mit mehr als dreißig gesetzgeberischen Maßnahmen soll bis spätestens 2005 (im Wertpapierbereich sogar schon bis zum Jahr 2003) der vollendete Binnenmarkt geschaffen werden. Eine Vielzahl dieser Maßnahmen sind weitreichende Änderungen von Rahmenbedingungen, unter denen Kreditinstitute in Deutschland und anderen EU-Ländern tätig sind. (2)

Noch Optimierungspotenzial vorhanden

Im Vergleich zum weltweit effizientesten Kapitalmarkt, den USA, zeigt der Euroraum noch erhebliche Entwicklungsperspektiven. So übersteigt beispielsweise in den USA der Anteil der verbrieften Verschuldung am Bruttoinlandsprodukt den der Bankkredite. Im Euroraum ist das Verhältnis genau umgekehrt, wodurch der Diskussion um eine internationale Angleichung der

Eigenkapitalvorschriften für Banken (vergl. Current Basel II) in Europa eine deutlich höhere volkswirtschaftliche Bedeutung zukommt. (5)

Auch die Einführung einheitlicher europäischer Rechnungslegungsvorschriften sowie eine Harmonisierung der grenzüberschreitenden Zinsbesteuerung würden die Leistungsfähigkeit des europäischen Kapitalmarktes deutlich stärken.

Ebenfalls verbesserungsbedürftig erscheint der Bereich der Wertpapierabwicklung. Der Ruf, die Integration des europäischen Kapitalmarktes entschlossen voranzutreiben, ist derzeit vielerorts zu vernehmen. Die Empfehlung von EU-Kommissar Bolkestein, sich bei der Verwirklichung des europäischen Kapitalmarktes an der erfolgreichen Euro-Einführung zu orientieren, ist hierbei sicherlich richtungsweisend. Die langfristige Vision, der entschlossene politische Wille sowie eine bessere Abstimmung der einzelnen Länder sollte dem integrierten europäischen Kapitalmarkt zum Erfolg verhelfen. (7) (8)

Mit der Einführung von Euromünzen und Eurobanknoten hat der Prozess der europäischen Einigung aber auch eine neue politische Dimension erreicht. Durch die Schaffung der Europäischen Währungsunion sind "öffentliche Güter" entstanden, die nur durch eine koordinierende europäische Politik in den Griff zu bekommen sind. Gemeinschaftsinstitutionen wurden zwar zunehmend Politikfunktionen übertragen, allerdings wurden bisher nur in beschränktem Maße Ressourcen zur Durchführung dieser Aufgaben bereitgestellt. (11)

Euro-Einflussraum:

Von den 15 EU-Staaten gehören derzeit Großbritannien, Schweden, Norwegen und Dänemark nicht der Eurozone an.

Die hohe Euroorientierung der Schweiz dokumentiert sich in einem relativ stabilen Wechselkursverhältnis Euro/Schweizer Franken bei geringer Volatilität. Damit hat der Kurs des Schweizer Franken in den letzten beiden Jahren die Abwertung zum US $ weitgehend analog zum Euro vollzogen. Gleichwohl erscheint ein Beitritt der Schweiz zur europäischen Währungsunion aus heutiger Sicht nicht realistisch.

Obwohl sich Dänemark in einem Referendum Mitte der 90er Jahre gegen die Euro-Einführung aussprach, ist in der Praxis ein weitgehend verstetigter Wechselkurs zwischen dänischer Krone und Euro in einer Schwankungsbreite von etwa 0,5 % festzustellen.

Grundlage dieses weitgehend festen Wechselkurses ist die freiwillige Währungskooperation zwischen Dänemark und der Eurozone mit einer Wechselkursfixierung bei 7,46 Dänische Kronen je Euro mit einer (offiziellen) Schwankungsbreite von plus/minus 2,25 %. (9)

Die Volkswirtschaften Schwedens und Norwegens sind ebenfalls dem Euro-orientierten Wirtschaftsraum zuzuordnen. Wenngleich im Unterschied zu Dänemark kein Kooperationsabkommen besteht, so ist doch auch für diese beiden Länder eine hohe Wechselkursstabilität gegenüber dem Euro festzuhalten. Besonders interessant erscheint hierbei die Tatsache, dass die skandinavischen Länder die Abwertung des Euro gegenüber dem US $ weitgehend parallel mitvollzogen haben.

Eine Annäherung Großbritanniens an die Eurozone kann an einer deutlichen Angleichung des Zinsniveaus sowie der Konjunkturzyklen beobachtet werden. (3) Zudem mehren sich in Großbritannien mittlerweile die Befürworter einer Euro-Einführung.

Fallbeispiele

Untersuchung der DGZ Deka Bank hinsichtlich der Konvergenzfortschritte der EU-Beitrittskandidaten.
(4)

Weiterführende Literatur

(1) Spekulationen über Volksabstimmung zum Euro-Beitritt in Skandinavien Euro-Einführung schon bald abgeschlossen
aus Die SparkassenZeitung, 11.01.2002, Nr. 02, S. 1

(2) Rechtsrahmen für Kreditinstitute Brüssel sagt immer häufiger, wo es langgeht
aus Die SparkassenZeitung, 05.04.2002, Nr. 14, S. 14

(3) Bewegung an der Euro-Front
aus Frankfurter Allgemeine Zeitung, 11.02.2002, Nr. 35, S. 12

(4) Die Tschechische Republik ist auf direktem Weg in die EU, Polen hat noch Rückstand
aus Frankfurter Allgemeine Zeitung, 06.02.2002, Nr. 31, S. 15

(5) Rehm, Hannes, Der europäische Kapitalmarkt muss noch einige Hemmnisse überwinden, Sparkasse, November 2001, Nr. 11, S. 490
aus Frankfurter Allgemeine Zeitung, 06.02.2002, Nr. 31,

S. 15

(6) Antonoff, Alexander, EU-Kommissar sieht Euro-Einführung als Vorbild, Die Welt, Jg. 52, 30.01.2002, Nr. 25, S. 22
aus Frankfurter Allgemeine Zeitung, 06.02.2002, Nr. 31, S. 15

(7) Spanien: Neuer Aufschwung, aber keine neue Konjunkturfiesta
aus ifo Schnelldienst, Heft 6/2002, S. 34-41

(8) Die Schweden sollen im Herbst über den Euro abstimmen
aus Frankfurter Allgemeine Zeitung, 02.01.2002, Nr. 1, S. 14

(9) Skandinavier steuern Richtung Euro-Zone
Markanter Stimmungsumschwung bei Schweden und Dänen für den Euro · Volksabstimmungen 2003 angepeilt
aus FTD Financial Times Deutschland vom 15.01.2002, Seite 11

(10) Nach der Euro-Einführung Der europäische Bürger braucht eine Europäische Republik
aus Internationale Politik, Heft 1/2002, S. 39-44

Impressum

Euro-Einführung (Zwischenbetrachtung)

Bibliografische Information der deutschen Nationalbibliothek

Die Deutsche Nationalbibliothek verzeichnet diese Publikation in der deutschen Nationalbibliografie; detaillierte bibliografische Daten sind im Internet über http://dnb.d-nb.de abrufbar.

ISBN: 978-3-7379-0663-0

© 2015 GBI-Genios Deutsche Wirtschaftsdatenbank GmbH, Freischützstraße 96, 81927 München, www.genios.de

Alle Rechte vorbehalten. Dieses Werk ist einschließlich aller seiner Teile – z.B. Texte, Tabellen und Grafiken - urheberrechtlich geschützt. Jede Verwertung außerhalb der Grenzen des Urheberrechtsgesetzes bedarf der vorherigen Zustimmung des Verlags. Dies gilt insbesondere auch für auszugsweise Nachdrucke, fotomechanische Vervielfältigungen (Fotokopie/Mikroskopie), Übersetzungen, Auswertungen durch Datenbanken oder ähnliche Einrichtungen und die Einspeicherung und Verarbeitung in elektronischen Systemen.